AF234421

UN SOU.

UNION ET DISCIPLINE

OU

LE MOT D'ORDRE ÉLECTORAL.

Par M. L. BELLET,

Auteur du Code de la Famille, du Code Manuel des Ouvriers, etc.

A PARIS,

A LA LIBRAIRIE BOULEVART MONTMARTRE, N° 22.

Mai 1849

UNION ET DISCIPLINE

OU

LE MOT D'ORDRE ÉLECTORAL.

Lorsque, dans une ville, un incendie éclate et menace d'envahir tout un quartier, on voit accourir, pour conjurer le danger commun, les hommes forts et les hommes moins vigoureux, les riches et les pauvres, ceux qui travaillent et ceux qui ne font rien.

Si, en présence des progrès de l'incendie, les opinions se divisaient obstinément sur les meilleurs moyens à prendre pour éteindre le feu, si on discutait au lieu d'agir, si chacun se demandait, avant de faire la chaîne, quel est son voisin de droite et quel est son voisin de gauche, on se trouverait bientôt en face de ruines; les flammes auraient eu raison.

Que font les passagers à bord d'un navire où une voie d'eau se déclare? ils se précipitent tous vers les pompes pour venir en aide à l'équipage. Peu leur importe qu'ils soient étrangers les uns aux autres, que, souvent, enfants de pays divers, ils ne parlent pas la même langue; il faut avant tout sauver le bâtiment; tous s'unissent dans un suprême effort. Ces passagers seraient fous s'ils se conduisaient d'une autre façon, et le navire disparaîtrait dans l'abîme.

Eh bien! ce que font les habitants d'une ville pour se rendre maîtres d'un incendie, ce que font les passagers pour étancher la voie d'eau qui envahit la cale, il faut que tous les bons citoyens le fassent aujourd'hui pour sauver la société. Cette union, qui multiplie les forces individuelles, il faut que tous les bons citoyens la mettent aujourd'hui en pratique.

Car la société menacée appelle aussi à son secours!

On n'est pas, malheureusement, assez convaincu de la gravité des dangers auxquels la société est exposée; on ne sonde pas assez résolument l'abîme sur lequel nous sommes suspendus; on s'abandonne aux plus trompeuses illusions.

Où voyez-vous donc, nous dit l'un, ces dangers si sérieux? Vous êtes un alarmiste, un pessimiste, un réactionnaire. Nous penchons vers l'abîme! Mais vous voulez nous faire peur, ou vous voulez rire, nous dit l'autre.

Je sais que depuis longtemps les pavés sont de niveau, que la rente à touché le cours de 90 francs, que les femmes ont dansé pendant les derniers mois de l'hiver; je n'ignore pas que les besoins de la consommation ont amené dans les affaires un certain mouvement; mais cela ne suffit pas. Le baromètre monte : il n'est plus à la *tempête*, mais il est encore loin du *beau fixe*.

Je le répète, on se fait illusion sur la situation ; on confond le calme apparent avec le calme réel ; on s'arrête trop à la surface.

Si je suis pessimiste, si je vois trop en noir, d'autres, péchant par l'excès contraire, voient tout en beau.

Ecoutez leur langage :

« Les amis de l'ordre défendent *la bonne cause*, ils ne peuvent la perdre ; ils ont pour eux le bon droit, la justice. »

Eh bien! cette confiance m'effraie, je l'avoue.

La cause que les amis de l'ordre soutiennent est excellente; mais pour qu'elle triomphe il faut encore qu'elle soit bien défendue.

Combien de plaideurs, engagés dans des procès dont le gain paraît infaillible, perdent cependant leur cause! C'est que souvent ils ont cru que le plus mince avocat suffirait aux besoins de la plaidoirie; c'est que comptant, eux aussi, sur la justice, sur le bon droit, ils n'ont pris qu'un médiocre souci de leur défense.

L'histoire de la société, si elle ne se montre pas vigilante, active, résolue, sera celle de ces plaideurs. La société perdra son procès ; mais lui laissera-t-on le loisir de maudire ses juges ?

De grâce, ne fermons pas nos yeux à l'évidence, et envisageons la situation actuelle sans nous en dissimuler les périls ; ne dédaignons pas nos adversaires pour en avoir, en apparence du moins, plus facilement raison, et n'oublions pas de compter avec eux.

Nous ne saurions trop le redire :

La société est aujourd'hui partagée en deux camps :

Ceux qui veulent l'ordre ; ceux qui veulent le désordre ;

Ceux qui sont pour la société ; ceux qui sont contre ;

Ceux qui se rallient au drapeau tricolore ;

Ceux qui se rallieraient au drapeau rouge.

Ceux qui, s'inclinant devant les volontés du suffrage universel en acceptent à l'avance les décisions ;

Ceux qui en appellent contre le suffrage universel lui-même au droit d'insurrection.

Ceux là sont dans le camp de l'ordre qui sont décidés à rendre la République ce qu'elle veut être, c'est à dire honorée du monde, protectrice de tous les droits, secourable aux souffrances qu'elle peut alléger, forte enfin pour la défense des principes qui protègent la religion, la famille, la propriété.

Ceux là sont dans le camp du désordre qui n'hésite-
raient pas de détourner la République de son cours régu-
lier, dussent-ils n'asseoir que sur les ruines qu'ils auraient faites le triomphe de leurs sauvages théories.

Oui, oui, la société est menacée par ces ennemis de
l'ordre social qui poursuivent l'avénement d'une République spoliatrice et violente, ennemis implacables qui pren-
nent la licence pour la liberté, le bouleversement pour le
progrès, qui prêchent l'égalité à la condition de tout
abaisser à leur niveau, qui prêchent la fraternité à la condition de jouer au besoin le rôle de Caïn.

Eh bien, c'est entre ces deux partis que nous venons de
mettre en présence, c'est entre le parti de l'ordre et le
parti du désordre que le scrutin va prononcer.

La ruine ou le salut du pays sortiront de ce scrutin ; ne
l'oublions pas.

Dépouillons donc notre indifférence habituelle ; cherchons à triompher de l'apathie qui plus d'une fois déjà
nous a perdus ; sachons dérober à nos affaires privées, si
actives, si pressées qu'elles soient, un peu de temps pour
le consacrer aux affaires publiques ; ne laissons pas échapper l'occasion d'organiser la victoire. Elle nous appartient
si nous voulons nous compter, puis marcher, puis voter
ensemble ; si nous n'avons que ce mot d'ordre :

UNION et DISCIPLINE.

Et voulez-vous la preuve de la nécessité impérieuse de cette union, de cette discipline ?

En dehors du parti de la démocratie sociale, il existe en France quatre partis distincts : les républicains modérés, les légitimistes, les orléanistes et les régentistes, enfin les bonapartistes.

Pris individuellement, ces quatre partis sont dans un état de minorité flagrante.

Si à Paris, par exemple, les républicains modérés avaient la pensée de faire triompher une liste de candidats par leurs seules et propres forces ; si les anciens conservateurs, si les légitimistes, si les bonapartistes élevaient la même prétention ; si, dis-je, ces opinions différentes s'isolaient dans l'élection, elles seraient inévitablement vaincues, et nous devrions à leur téméraire confiance le triomphe de la démocratie sociale, j'allais dire de la démagogie.

Mais si, au contraire, tous les partis qui veulent l'ordre restent unis leur succès est assuré ; or l'ordre est précisément ce terrain neutre où tous ces partis peuvent se rencontrer.

Est-il un de ces partis qui, à moins d'être frappé de vertige, puisse souhaiter une révolution nouvelle ? Est-il un de ces partis qui, s'il est honnête, puisse se refuser à voir dans l'ordre la seule égide protectrice du pays ?

Quel parti d'ailleurs pourrait se flatter qu'une autre

révolution tournât à son profit et que la victoire lui de-
meurât acquise? Sait-on quel gouvernement sortirait
d'une nouvelle tourmente? Ne serait-il pas à craindre que
la société ne succombât dans cette dernière convulsion?

Il est donc évident que tous les bons citoyens, à quel-
que opinion d'ailleurs qu'ils appartiennent, peuvent et doivent se ranger, sous la sauvegarde de la Constitution, au-
tour du drapeau de l'ordre dans la République; car, di-
sons-le de nouveau, il faut avant tout défendre la société
et la civilisation.

Unissons-nous donc; serrons nos rangs pour faire triompher dans les élections du 13 mai les candidats dont les
lumières, le dévouement et l'expérience doivent contri-
buer à rétablir la France sur la base des éternelles vérités
qui font vivre et prospérer les nations.

Les socialistes nous ont donné un exemple et un ensei-
gnement qui ne doivent pas être perdus.

Est-ce que les socialistes sont tous d'accord entre eux?
N'ont-ils pas, autant de grands-prêtres, dans leur sein,
que d'églises différentes? Ne nous ont-ils pas fait assister
dans leurs journaux au spectacle de leurs luttes intestines?
Deux de leurs plus fameux pontifes n'en sont-ils pas venus
fraternellement aux injures et presque aux voies de fait?
et cependant au moment du vote, leurs discordes s'effa-
cent, leurs haines s'appaisent. Aussi appuient-ils avec

une touchante unanimité la liste des candidats que leurs journaux nous ont révélée, triste et funèbre liste où la société peut lire à l'avance le nom de ses fossoyeurs.

Unissons-nous donc ; il en est temps encore, et que l'esprit de parti s'incline devant l'esprit d'ordre.

Toutefois cette union si nécessaire entre tous les hommes de tous les partis, de toutes les croyances politiques qui ne proclament pas avec les socialistes, avec les communistes, que *la Propriété est un vol*, que la *Famille est un accident* et que *Dieu n'est pas* ; cette union entre tous les citoyens qui veulent préserver la société de l'invasion du flot démagogique n'est pas encore suffisante.

Il faut que la *Discipline* se joigne à *l'Union* et la fortifie.

J'entends dire chaque jour que la majorité des électeurs est dévouée à l'ordre, que la majorité n'arrêtera dès lors ses choix que sur des candidats voulant donner pour bases au régime nouveau l'ordre matériel et l'ordre moral.

Là n'est pas toute la question.

Je crois au bon vouloir des électeurs, mais je redoute l'excès de ce bon vouloir.

Si, dans le Département de la Seine, les électeurs divisent leurs voix entre un grand nombre de candidats tous honorables au même degré, tous dignes de la confiance publique, tous dignes de l'insigne honneur que confère le titre de Représentant ; cette dissémination des suffrages sera fatale à la plupart de ces candidats, et, ce qui est plus grave, fatale à notre cause qu'elle peut compromettre et perdre sans retour.

Les montagnards et les socialistes disposeront aux élections à Paris de 70,000 à 80,000 voix *au moins:* acceptons ce chiffre, ne cherchons pas à l'amoindrir.

Les amis de l'ordre peuvent toujours faire pencher la balance de leur côté par le poids de deux cent mille suffrages. Mais s'ils dispersaient ces suffrages sur une multitude de candidats, ceux-ci, pour la plupart du moins, ne réuniraient pas, au *maximum,* au-delà de quarante à cinquante mille voix. C'est dire assez qu'ils échoueraient.

Les amis de l'ordre veulent-ils que les noms de leurs candidats sortent de l'urne, environnés du prestige d'une éclatante majorité? qu'ils adoptent une seule et même liste de VINGT-HUIT NOMS.

Et surtout qu'ils se gardent bien ensuite de retrancher de cette liste les candidats qu'ils regretteraient d'y rencontrer, pour leur substituer des candidats plus sympathiques à leur opinion personnelle.

Car si chacun modifie la liste pour faire, si je puis m'exprimer ainsi, une liste à son image, le nombre des candidats augmente bientôt à l'infini, les voix se disséminent et leur division devient un puissant auxiliaire pour la république démocratique et sociale.

Nous ne traversons pas des temps ordinaires. La conduite des électeurs ne peut pas échapper à l'influence des événements. L'action électorale ne saurait être aujourd'hui ce qu'elle a été dans le passé, ce qu'elle sera dans l'avenir, lorsque le sol ne tremblera plus sous nos pas. Aussi, et en raison des circonstances actuelles, nous n'hésitons pas à dire aux électeurs de la Seine : Votez pour la liste qui vous sera présentée, surtout si elle émane d'un comité dont la constitution soit pour vous une garantie d'impartialité et d'indépendance; votez pour cette liste; ne la discutez pas.

Et, en effet, il s'agit moins de savoir quels sont les hommes que vous voulez envoyer à l'Assemblée Législative que de savoir quels sont ceux auxquels vous voulez en interdire l'accès.

Les socialistes ont le bon esprit de se soumettre, en fait d'élection, aux règles d'une discipline sévère. Imitons l'exemple qu'ils nous donnent. Imposons silence à nos rancunes, abdiquons nos préférences et concentrons nos suffrages sur les vingt-huit candidats dont les chances de succès paraissent le mieux assurées.

Le triomphe de notre cause est à ce prix ; recevons donc, transmettons donc à notre tour ce mot d'ordre :

UNION ET DISCIPLINE.

Toutefois nous avons encore une autre tâche à remplir. Il ne suffit pas que nous nous préparions nous-mêmes à prendre part à la lutte électorale ; il faut encore que chacun de nous recrute de nouveaux soldats, des renforts nouveaux pour l'armée de l'ordre.

Visitons nos concitoyens ; au jour du vote ne laissons aucun électeur en arrière. Stimulons le zèle de ceux qui, moins par défaut de patriotisme que par insouciance et paresse, s'abstiennent de voter et croient se mettre à l'abri de tout reproche par cette réponse banale : « Une voix de plus, une voix de moins, peu importe. »

Peu importe ! mais cinquante mille électeurs se retranchant isolément derrière une semblable excuse, n'en privent pas moins le scrutin de cinquante mille voix et ouvrent dans l'élection un plus libre passage à leurs adversaires.

N'accordons ni paix ni trêve à ces électeurs indifférents.

Disons-leur que déserter le scrutin, au moment du vote, c'est déserter devant l'ennemi en un jour de combat ;

Disons-leur que tout citoyen qui n'exerce pas ses droits politiques n'est pas digne d'en être investi ;

Disons-leur encore que la journée du 13 mai approche et que, dans cette journée, il n'y va rien moins que du sort

du pays, du sort de notre société qui, chancelante et menacée ne peut être sauvée que par notre dévouement, notre union et notre discipline.

Que chacun maintenant fasse son devoir !

Paris Imprimerie de Poussielgue, rue du Croissant, 12.

EN VENTE

A LA LIBRAIRIE BOULEVART MONTMARTRE, N° 22.

GUIDE IMPARTIAL

DES ÉLECTEURS

CONTENANT

1° Loi organique électorale;
2° Circulaire aux Préfets sur la pratique des Élections;
3° Biographie des 900 Représentants sortants;
4° Leurs votes dans les questions principales décidées par l'Assemblée Nationale au scrutin de division, collationnés sur *le
Moniteur officiel.*

UN VOLUME IN-18 DE 108 PAGES.

Prix, 50 Cent.

www.ingramcontent.com/pod-product-compliance
Lightning Source LLC
LaVergne TN
LVHW010307060726
842527LV00007B/2911